NOTICE

SUR LA

SAINTE MAISON

DE

NOTRE-DAME DE LORETTE

RENNES

IMPRIMERIE MARIE SIMON ET Cie

rue Leperdit, 2 bis

—

1894

NOTICE

SUR LA

SAINTE MAISON

DE

NOTRE - DAME DE LORETTE

---:✕:---

RENNES

IMPRIMERIE MARIE SIMON ET Cⁱᵉ

rue Leperdit, 2 bis.

—

1834

Imprimatur :

Rhedonis, die 1ª mensis maii 1894.

GUILLOIS,
Vic. gén.

ARCHEVÊCHÉ DE RENNES Rennes, le 1er mai 1894.
DOL ET SAINT-MALO

Monsieur,

Je m'empresse de vous envoyer l'imprimatur que vous me faites l'honneur de me demander pour votre *Notice sur la sainte maison de Notre-Dame de Lorette.*

Je désire vivement qu'elle ait beaucoup de lecteurs, assuré qu'ils y trouveront l'intérêt et l'édification que je viens d'y trouver moi-même dans une trop rapide lecture.

Permettez-moi de vous en offrir mes sincères félicitations, avec l'expression de mes respectueux et dévoués sentiments.

GUILLOIS,
Vic. gén.

PRÉFACE

—

Un prêtre natif de Melesse avait eu le bonheur de célébrer l'une de ses premières messes dans la chapelle de Lorette, élevée à Issy par l'un des premiers successeurs du vénérable M. Olier, fondateur du séminaire de Saint-Sulpice.

Quelques années après il avait encore le bonheur, bien plus grand, de faire le pèlerinage de Lorette, là où Dieu, il y a juste cette année six siècles, a transporté par sa toute puissance la maison habitée à Nazareth par son Fils divin et par Marie sa Mère. C'était sans doute pour la préserver de la destruction dont elle était menacée par les Sarrasins, devenus maîtres de la Terre-Sainte, et pour la rapprocher de Rome, centre de la catholicité.

Après avoir passé dans cette très sainte

maison deux journées presque entières, ce prêtre écrivait à ses parents :

« Oh ! quelle douce joie, quel immense
« bonheur de célébrer la Sainte Messe dans
« la maison même en laquelle le Verbe
« divin, Notre Seigneur Jésus-Christ,
« s'est incarné dans le sein de Marie, en
« laquelle il a habité durant sa vie presque
« tout entière, avec la Bienheureuse Vierge
« Marie, sa très sainte Mère, et son père
« nourricier saint Joseph.

« L'autel auquel il m'était donné de mon-
« ter ce jour-là renferme, encore visible en
« partie, celui sur lequel tant de fois saint
« Pierre et les Apôtres avaient célébré, eux
« aussi, les mêmes saints mystères, en pré-
« sence de Marie, la mère de Jésus.

« A la Consécration, après avoir adoré
« celui qui venait, selon le langage de
« l'Église, de renouveler entre mes mains
« sacerdotales le mystère de l'Incarnation,
« je lisais, avec la plus douce et la plus
« profonde émotion, ces paroles gravées en
« caractères d'or sur le retable de l'autel :

« *Hic Verbum caro factum est* : c'est ici
« que le Verbe s'est fait chair. Jamais je
« ne les ai mieux comprises et goûtées. »

Il n'est pas étonnant que la pensée et le désir d'élever, sous le vocable de Notre-Dame de Lorette, une petite chapelle, qui avait germé dans l'âme de ce prêtre à Issy, se soient ravivés et fortifiés à Lorette.

Rien n'était plus propre, en effet, à lui rappeler à lui-même les doux souvenirs de ces heureuses et saintes journées, et en même temps à faire naître les plus vifs sentiments de piété dans l'âme des fidèles qui viendraient la visiter et y prier dévotement.

Voilà comment s'est élevée la petite chapelle des Alleux, sur le modèle de la sainte maison de Lorette, ayant exactement les mêmes dimensions et aussi la même ornementation intérieure, sauf la richesse.

Mais il fallait aussi faire connaître cette dévotion, et pour cela rédiger un petit abrégé de l'histoire de sa translation miraculeuse.

Heureusement ce prêtre avait un ami, appartenant à l'une des plus anciennes et des plus recommandables familles de Melesse, qui a fourni d'excellents chrétiens, M. Paul Philouze, ancien magistrat. Il le pria de faire ce petit travail, et sa prière fut très gracieusement accueillie. Vous lirez, bons habitants de Melesse, avec grand plaisir et beaucoup d'édification, son intéressante brochure, si propre à vous faire connaître et aimer de plus en plus ceux qui ont habité la sainte maison de Lorette :

Jésus, Marie, Joseph.

INTRODUCTION

Avant de raconter le fait surprenant, humainement inexplicable, dont nous allons donner le récit, il est utile de rappeler une vérité incontestée des catholiques. Il n'est même pas nécessaire d'être chrétien pour admettre la possibilité de faits miraculeux; il suffit de croire à l'existence de Dieu.

Vous qui possédez cette foi, vous dites avec moi : Il est un Dieu, unique en trois personnes, infiniment parfait, infiniment bon, créateur du ciel et de la terre, souverain seigneur de toutes choses : Être éternel et tout-puissant, dont la pauvre créature reste impuissante à comprendre l'immensité, la souveraine grandeur.

S'il plaît à ce tout-puissant de déroger aux lois ordinaires, de quel droit viendriez-vous limiter son pouvoir?

S'il lui plaît d'accomplir un acte que de simples mortels ne pourraient pas accomplir, de quel droit viendrez-vous dire : Cet acte n'a pas eu lieu, le récit que vous nous en faites constitue une simple légende, bonne tout au plus à charmer les âmes ignorantes et naïves, pour lesquelles le merveilleux, le surnaturel sont indispensables.

Le peuple est resté catholique dans notre pays de Bretagne, et malgré quelques défaillances, rendues plus fréquentes par une éducation malsaine, les cœurs n'ont pas cessé de battre pour Dieu.

Vous admettez les récits des livres saints, du livre par excellence, la Bible.

Est-ce que, à l'aide d'une simple prière, Moïse n'obtient pas de Dieu libre passage dans les flots de la mer Rouge? Ils s'écartèrent pour laisser la route libre aux

Hébreux, puis se refermèrent sur leurs persécuteurs, engloutissant l'armée que Pharaon avait lancée à leur poursuite.

En atteignant la rive d'Arabie, Moïse et le peuple d'Israël célébrèrent la gloire et la grandeur de Dieu dans un cantique sublime.

« Jehovah, qui est semblable à toi parmi les forts? qui est semblable à toi, grand en sainteté, terrible, adorable, *opérant des miracles.* » (Exode, chap. XV.)

Comment de pauvres penseurs contemporains osent-ils mépriser la loi du Dieu du Sinaï, qui a dit par Moïse :

« Si vous obéissez à ma voix et que vous gardiez mon alliance, vous serez mon propre bien, choisi d'entre tous les peuples, *car toute la terre m'appartient.* » (Exode, chap. XIX.)

Lorsqu'il plaît à ce souverain maître de la terre, qui a créé par milliers les astres et qui les maintient suspendus, roulants dans l'espace, de permettre la réalisation d'un fait que l'homme ne saurait accomplir, pouvez-vous encore dire : Ce fait n'a pas eu lieu?

Nous allons voir comment se justifie la dévotion à Notre-Dame de Nazareth, le pèlerinage au lieu où s'accomplit le grand mystère de l'Incarnation, prélude de la Rédemption.

N'était-il pas utile à l'expansion de la foi de garder en vénération spéciale la maison dans laquelle avait vécu Marie-Immaculée, la maison où elle s'était abandonnée au vouloir du souverain seigneur de toute chose : *Fiat mihi secundum verbum tuum*, qu'il me soit fait selon votre parole.

Le Christ-Dieu a voulu que la maison de sa mère fût respectée et vénérée. Ses apôtres en avaient fait un oratoire. Les premiers chrétiens l'avaient consacrée par de pieux pèlerinages; une vaste église l'entoura, et quand les Sarrasins eurent envahi toute la Palestine, quand, par la chute de Ptolémaïs, les pèlerinages à Nazareth devinrent presque impossibles, en 1291, Jésus-Christ ordonna que la maison de sa mère vînt elle-même se mettre à la portée des fidèles, non pas afin de créer, mais afin de maintenir une dévotion qui date du berceau même de notre religion.

C'est ce récit que nous allons faire.

CHAPITRE PREMIER

La Sainte Maison à Nazareth.

Le premier homme, qui avait été créé dans l'innocence, ayant abusé de sa liberté, encourut pour lui et sa postérité tout entière la disgrâce de Dieu à cause de sa désobéissance. Il perdit ainsi, pour lui et pour tous ses descendants, les droits que la justice originelle lui donnait au bonheur du ciel. Il était devenu l'esclave de Satan, accablé sous un déluge de maux et condamné à la double mort, temporelle et éternelle.

Dieu, qui avait prévu de toute éternité cette malheureuse chute, avait aussi, de toute éternité, résolu de la réparer. Mais comme nulle pure créature, quelque parfaite qu'elle pût être, ne pouvait satisfaire pleinement à la justice divine, ce père miséricordieux avait résolu l'incarnation de la seconde personne de l'adorable trinité, son fils, le Verbe divin, et ce Verbe, acceptant de se faire homme sans cesser d'être Dieu, était seul capable de pleinement satisfaire pour l'homme coupable.

Aussitôt après la chute de nos premiers parents Dieu leur promit un libérateur, un sauveur.

En maudissant le serpent, ou plutôt le démon qui avait pris cette forme pour séduire Ève, il lui dit : « Je mettrai une inimitié entre toi et la femme, entre ta race et la sienne, mais elle prévaudra contre toi et elle t'écrasera la tête. *Ipsa conteret caput tuum.* » (Genèse, III, 15.)

Marie, voilà donc cette femme qui a brisé la tête du serpent infernal et détruit à jamais son empire, par son fils le Verbe divin, qui s'est fait chair dans son sein. La maison de la Sainte Vierge à Nazareth fut le lieu où s'accomplit cet auguste et très saint mystère, au moment où Marie prononça ces paroles : « Je suis la servante du Seigneur, qu'il me soit fait selon votre parole. *Ecce ancilla domini, fiat mihi secundum verbum tuum.* » (Saint Luc, chap. I, 38.)

Ce fut dans la maison de Nazareth que passèrent les premières années de Marie; M. l'abbé Milochau l'indique à la page 3 de son livre : « La sainte famille s'y retira à son retour d'Égypte. C'est de là qu'elle partait chaque année pour se rendre au temple; c'est sous ce toit que Jésus était soumis à Marie et à Joseph et qu'il croissait en âge et en sagesse devant Dieu et devant les hommes. C'est là que saint Joseph vit arriver le terme de sa mission, qu'il mourut entre Jésus et Marie, et que remettant son âme aux mains de celui qui avait daigné s'appeler son fils, il devint à jamais pour tous les chrétiens le patron de la bonne mort. »

Le même auteur ajoute, à la page suivante : « On voit encore à Lorette cet autel érigé par saint Pierre et sur lequel il célébra la première messe, en présence de la mère du Sauveur. »

« Cet autel (d'après le récit de Mgr Bartolini), était carré, assez petit, formé de pierres régulièrement taillées et liées ensemble par du ciment; il se trouvait adossé à la muraille méridionale de la sainte maison. Lors des travaux de Clément VII, il fut transporté au milieu de la chapelle et renfermé dans l'autel moderne, où on en voit encore des fragments. »

Un fait digne de remarque, c'est que la pierre dont la sainte maison est formée n'existe pas à Lorette; mais elle est identique à celle dont on se sert depuis plus de deux mille ans à Nazareth. Le ciment qui réunit les pierres est formé d'un mélange de plâtre et de charbon inusité en Italie, mais employé en Palestine. Cette vérification est longuement détaillée dans l'ouvrage de Mgr Bartolini, de la page 72 à la page 87.

Le modeste sanctuaire de Marie resta tel jusqu'à l'époque de Constantin. Alors l'impératrice sainte Hélène, qui couvrit la Terre-Sainte de monuments religieux, n'oublia point Nazareth. Elle fit construire une splendide église, la plus élégante et la plus belle de tout l'Orient, sur la maison même où s'était accompli le grand mystère de l'Incarnation, mais la maison de Marie ne fut pas détruite; elle fut au contraire protégée par le nouvel édifice.

Saint Jérôme la visita en 380 et déclare l'avoir vue renfermée dans une église de grandes dimensions.

Saint Paulin de Nole, parlant de la grande et chrétienne mère de Constantin, dit : « Elle couvrit de basiliques tous les lieux où Notre Seigneur et Sauveur avait accompli les mystères de notre salut et de son amour, *son incarnation*, sa passion, sa résurrection, son ascension. »

Nicéphore dit que l'église de Nazareth portait gravée sur sa façade l'inscription suivante : « Là est l'autel sur lequel fut jeté le premier fondement du salut de l'homme. »

Bède, parlant des églises de Nazareth, cite spécialement celle de l'Incarnation : « *Altera vero est ecclesiæ, ubi domus erat in qua Angelus ad Mariam Virginem venit.* » (Maison dans laquelle un ange vint vers la Vierge Marie.) (*De locis sanctis*, chap. XVI.)

Saint Guillebaud ajoutait en 786 : « *Illam ecclesiam christiani homines sæpe comparabant a paganis, quando illi volebant eam destruere.* » (Les chrétiens rachetaient souvent aux païens cette église quand ils voulaient la détruire.)

Thomas Celano, parlant du voyage de saint François d'Assises en Palestine, en 1213, dit : « Enfin, il vint à Nazareth pour vénérer *la maison où le Verbe fut fait chair.* »

Avant la fin du XIIIe siècle, Jacques de Vitry, cardinal et patriarche de Jérusalem, affirme avoir souvent célébré le saint sacrifice de la messe *dans la maison de Marie.*

Le 25 mars 1252, le modèle des rois de France, saint Louis, ce monarque si accessible aux humbles, ce roi qui allait sans apparat rendre au peuple la justice sous un chêne de Vincennes, saint Louis fit un pèlerinage à la sainte maison de Nazareth, et le narrateur de sa vie, le dominicain Geoffroy de Beaujeu, donne de ce fait historique le récit suivant : « J'aurais tort, ce me semble, de ne pas raconter avec quelle humilité et quelle dévotion le pieux roi accomplit le pèlerinage qu'il avait entrepris de Saint-Jean-d'Acre à la sainte et religieuse cité de Nazareth. La veille de la fête de l'Annonciation du Seigneur, il se rendit, revêtu d'un cilice sous ses habits, de Séphora, la patrie de saint Joachim et de sainte Anne, où il avait passé la nuit, à Cana, en Galilée, et de là sur le mont Thabor. Le soir du même jour il descendait à Nazareth. Du plus loin qu'il aperçut son sanctuaire, il descendit de cheval, fléchit les genoux et adora dévotement. Il fit à pied le reste de la route jusqu'à ce qu'il entrât humblement dans la ville sainte *et le lieu béni de l'incarnation.* Avec quelle ferveur il s'y comporta, avec quelle pompe et quelle gloire il fit célébrer les vêpres, les matines, la messe et les autres cérémonies convenables à une si grande solennité, ceux-là peuvent l'attester qui en furent les témoins. Plusieurs d'entre eux n'ont pas craint d'affirmer que, depuis le jour où le fils de Dieu a pris en ce lieu même notre chair dans le sein de la glorieuse Vierge Marie, jamais il n'y avait été célébré d'office avec autant de solennité et de dévotion. En ce lieu même le pieux roi *assista à une messe dite à l'autel de l'Incarnation* et y reçut la sainte communion ; et le seigneur Odon, évêque de Tusculum, légat du Saint-Siège, chanta une grand'-messe solennelle *au maître-autel de l'église* et prononça un touchant discours. »

Le roi de France se fit peindre en costume royal et en prières sur l'un des murs de la sainte maison. Ce souvenir de ce pèlerinage existait encore au xviie siècle. Cette peinture fut gravée et publiée en 1634 par Serrati.

Onze ans après cette pieuse visite de saint Louis à la sainte maison, en 1263, les musulmans entrèrent à Nazareth et renversèrent la basilique attribuée à sainte

Hélène, mais ils conservèrent la sainte maison, afin de continuer à en tirer profit en rançonnant les pèlerins. C'est à cette destruction partielle de la basilique que se rapporte la lettre du Pape Urbain IV à saint Louis.

Guillaume de Baldensel, lors d'un voyage en Palestine daté de 1336, parlant de cette destruction de l'église de Nazareth, dit : « Il était cependant resté une petite portion couverte et soigneusement gardée par les Sarrasins. C'est là, près d'un pilier de marbre, qu'a eu lieu, dit-on, l'adorable mystère de la Conception. »

La prise de Ptolémaïs, en avril 1291, rendit les Sarrasins maîtres absolus de la Palestine, et les pèlerinages devinrent presque impossibles. Ce fut alors que Dieu permit le miracle du déplacement de la sainte maison.

Le résultat de cette translation fut considérable pour le développement de la foi catholique, puisque cinq siècles après ce fait miraculeux, Gaudenti rapporte que dans l'année 1780, durant la première quinzaine du mois de septembre, le nombre des communions fut de quarante mille au sanctuaire de Lorette.

Comment, en présence de nombreux témoignages, d'une précision et d'une authenticité absolues, témoignages dont nous avons cité les plus importants, comment des écrivains de bonne foi pourraient-ils mettre en doute l'existence à Nazareth de la sainte maison de Marie, et cela jusqu'à l'année 1291, date de son arrivée en Dalmatie?

C'est l'histoire de cette translation que nous allons maintenant raconter d'après d'anciens documents.

CHAPITRE II

La Sainte Maison en Dalmatie.

Nous venons de voir les témoignages certains qui établissent l'existence de la sainte maison à Nazareth après l'Ascension de Notre-Seigneur Jésus-Christ.

Quelques écrivains anciens, parlant de la basilique attribuée à sainte Hélène, disent qu'elle fut construite : « *ubi fuerat,* » c'est-à-dire sur le lieu précédemment occupé par la maison de Marie. Cela ne prouve pas la destruction de cette maison. Souvent, en effet, lorsqu'un souvenir précieux se rattache à une construction, on la recouvre de bâtiments plus vastes pour la protéger et la conserver, comme sainte Hélène le fit pour les églises qui, sur ses ordres, furent construites au-dessus de la crèche à Bethléem et sur la colline du Calvaire.

On a cité, comme prouvant la destruction ancienne de la maison de Nazareth, un passage du moine grec Phocas, qui a visité la Palestine en 1173.

Ce pèlerin dit seulement que la maison de saint Joseph fut transformée en une église magnifique, et mentionnant sa visite à la basilique, il ajoute, parlant comme s'il était le guide d'un voyageur présumé : « Entré par cette ouverture dans la grotte, tu descends quelques degrés et alors tu parcours des yeux cette antique maison de saint Joseph, *dans laquelle l'ange fit son heureux message* à la Vierge qui revenait de la fontaine. » La chambre occupée par Marie était en effet contiguë à une grotte, disposition commune à beaucoup des maisons de Nazareth, bourgade établie sur le versant d'un coteau de grès, dont la pierre était extraite pour servir à diverses constructions ; elle prenait en vieillissant une teinte de brique.

Le passage de Phocas démontre que la maison apportée en dot par Marie à Joseph existait lors de la visite du moine grec, mais il ne prouve point que la chambre de Marie avait déjà disparu en cette année de 1173, c'est-à-dire plus d'un siècle avant son apparition en Dalmatie.

Le 10 du mois de mai 1291, au matin, des pasteurs, conduisant leurs troupeaux à la pâture, non loin de la ville de Tersatz, sur les flancs d'une petite montagne voisine de la mer et nommée Raunizza, furent très surpris d'apercevoir un édifice placé sur un point de leur pays qu'ils savaient désert la veille.

Leur curiosité éveillée voulut se satisfaire. Ils vinrent auprès de la nouvelle construction pour la mieux voir et remarquèrent qu'elle reposait sur le sol sans fondements : on l'avait donc apportée là.

Après en avoir fait le tour, ils pénétrèrent dans l'intérieur et constatèrent avec étonnement qu'ils se trouvaient dans une petite chapelle.

Des peintures murales la décoraient, un

autel s'y trouvait dressé pour célébrer la messe, on y voyait même une croix et une statue de la Vierge en bois de cèdre.

Voici, du reste, la description qui nous est parvenue de l'état de la sainte maison à cette date. Elle n'avait qu'une seule porte, celle que l'on voit maintenant fermée dans le mur du Nord, plus large et plus haute que ne le sont d'ordinaire les portes d'une simple habitation, surtout en Orient, ce qui permet de supposer qu'elle était destinée à laisser pénétrer l'air et la lumière dans la grotte, sur laquelle elle s'ouvrait à Nazareth. L'autel, la statue, la croix étaient en face; la fenêtre à droite de l'autel, à la place qu'elle occupe maintenant. Le plafond, formé de planches peintes en bleu, semées d'étoiles en bois doré, était supporté par deux poutres. Le toit presque plat, en forme de terrasse. Le haut des murailles, en guise de corniche, était orné d'une suite de demi-cercles d'environ un ou deux pieds de diamètre, en bois doré, et dans ces demi-cercles on voyait collés à la muraille un certain nombre de vases de terre cuite vernissée, plats, assiettes, écuelles ayant pu servir au ménage d'une famille modeste.

Dans le mur du Midi, vis-à-vis la fenêtre, un enfoncement qui ne s'élevait pas jusqu'au toit, portant des traces de feu, pouvait être une ancienne porte fermée ou une cheminée, comme on le supposa en Dalmatie et à Lorette. Le toit était surmonté d'un petit clocher dans lequel se trouvaient les deux cloches qui sont encore à la sainte maison.

La nouvelle de ce prodige, racontée par les pâtres, se répandit rapidement et fut bientôt connue dans la ville de Tersatz. A ce moment le chef de l'église de Saint-Georges de Tersatz, évêque ou curé, désigné par le mot : *antistes*, qui a ces deux sens, était un vieillard nommé Alexandre, gravement malade et désespérant même de recouvrer la santé. Il avait pourtant un vif désir d'aller visiter la merveilleuse maison.

Pendant la nuit, ce vénérable Alexandre

aperçut une clarté : dans cette clarté, une image de Marie. La Vierge elle-même lui apprit que c'était sa maison qui venait d'arriver en Dalmatie pour échapper aux profanations des infidèles; que cette maison était celle où elle était née, où elle avait vécu, où l'ange l'avait visitée et où son fils avait été élevé.

A l'appui de cette déclaration, Marie lui dit qu'il va être guéri. Aussitôt une sueur abondante le couvre, ses forces reviennent subitement et sa santé se trouve rétablie. Il se lève, se joint aux habitants de la ville, monte en pèlerinage au lieu désigné, se prosterne devant la statue de la Vierge et remercie sa bienfaitrice du miracle qu'elle vient d'accomplir en sa faveur.

Dans ce temps, la Dalmatie avait pour gouverneur Nicolas Frangipane, d'une noble famille romaine, et à ce moment auprès de l'empereur Rodolphe. Il eut connaissance des faits merveilleux qui s'accomplissaient entre Fiume et Tersatz et vint s'enquérir par lui-même de leur réalité.

Après avoir entendu les témoins et tenu de l'évêque Alexandre le récit de sa guérison miraculeuse, il se décida à l'envoyer avec trois autres personnes, notamment Sigismond Orsich et Jean Grégoruski, voir à Nazareth si la sainte maison avait bien réellement quitté la Palestine.

A Nazareth, les délégués de Tersatz apprirent des chrétiens que la sainte maison avait en effet disparu de leur ville à l'époque de son arrivée sur la côte de la Dalmatie. Ils remarquèrent que les fondations restées au lieu de son premier emplacement indiquaient une cassure récente des pierres. Ils apportaient des mesures précises du sanctuaire de Dalmatie et constatèrent que les dimensions du sanctuaire de Nazareth étaient identiques, comme l'épaisseur des murailles, la place de l'autel, celle de la porte, la même nature de pierre, le même ciment; aucun doute ne restait possible. Ils retournèrent à Tersatz et déposèrent aux archives de cette ville un procès-verbal authentique de leurs constatations.

La sainte maison de Marie devint dans son nouveau pays un lieu de pèlerinage très fréquenté; de nombreux miracles y furent obtenus.

Mais à cette époque les Dalmates étaient encore barbares, de grands crimes se commettaient dans leur région : Dieu n'y voulut pas laisser la maison de sa mère.

Elle quitta la Dalmatie le 10 décembre 1294 et fut transportée en Italie, auprès de la ville de Recanati, dans les Marches, à cinq milles de cette cité, se rapprochant ainsi du centre romain de la catholicité. Mais le souvenir du séjour de la maison de Marie en Dalmatie s'y est perpétué, il s'y retrouve même actuellement.

Nicolas Frangipane fit édifier au lieu où la sainte maison avait séjourné pendant trois ans et sept mois une chapelle toute semblable; cette chapelle y porte encore deux inscriptions :

1° « C'est ici le lieu où fut autrefois la demeure de la bienheureuse Vierge de Lorette, honorée maintenant sur les terres de Recanati. »

La deuxième indique : que la maison de la bienheureuse Vierge Marie vint à Tersatz au mois de mai 1291 et se retira le 10 décembre 1294.

Au xve siècle, un descendant de Nicolas Frangipane, portant le même prénom, fit construire en ce lieu une grande église. Son fils Martin y mit auprès un couvent de franciscains. Urbain V envoya à cette église un portrait de la Vierge peint sur bois de cèdre par saint Luc. Sept autres Papes lui accordèrent successivement diverses indulgences, et ce lieu resta vénéré par d'incessants pèlerins; il devint même célèbre à cause des miracles éclatants que Dieu y fit en faveur des chrétiens fidèles au culte de Marie.

Trois siècles après cette seconde translation miraculeuse, écrit Torsellini en 1597, les Dalmates n'avaient pas encore cessé de pleurer le départ de la sainte maison. Ils passaient en troupes l'Adriatique pour se rendre au sanctuaire de Lorette, où, prosternés devant la Vierge, ils s'écriaient : Reviens, ô Marie, reviens, reviens à nous.

Plusieurs familles de Dalmatie ne voulurent pas abandonner le nouveau sanctuaire et se fixèrent à Lorette, où fut alors fondée la confrérie du Très Saint-Sacrement, dite à cause d'eux : Confrérie des Esclavons. Les Papes firent construire un hospice pour loger ces pieux pèlerins.

CHAPITRE III

Les Translations successives de la Sainte Maison en Italie.

La persistance d'un peuple dans une tradition constitue une preuve historique d'un fait.

Il est difficilement admissible que si cette tradition a pour base une erreur, cette erreur ne soit pas tôt ou tard démasquée.

Or, depuis six siècles les chrétiens dalmates n'ont pas cessé de réclamer le sanctuaire de la sainte maison comme précédemment établi sur leur territoire.

En 1854, c'est-à-dire même au siècle actuel, cette coutume persiste; Mgr Gaume en a été témoin. Je fus, dit-il dans son livre des *Trois Romes*, touché jusqu'aux larmes à la vue d'une nombreuse députation de pèlerins dalmates, ornés de leurs costumes pittoresques. Agenouillés devant la sainte chapelle, les bras étendus dans une attitude suppliante, ils répétaient avec ferveur : « Belle dame Marie, revenez à nous. »

Mais si à la date du 10 décembre 1294 la sainte maison n'a pas encore choisi son séjour définitif, elle ne cesse plus cependant de résider en Italie, c'est-à-dire dans la patrie du chef de l'Église catholique.

Pendant la nuit, à la date précitée, des bergers qui veillaient à la garde de leurs troupeaux sur les bords de l'Adriatique, aperçurent dans le ciel une lueur mystérieuse qui se rapprocha de terre et vint s'arrêter au centre du bois des lauriers, peu éloigné du lieu où ils se trouvaient. Aussitôt ils se dirigèrent de ce côté pour voir l'objet qui venait de leur causer cette surprise.

Leur étonnement fut extrême quand ils aperçurent entre les arbres un édifice d'origine étrangère posé sur le sol depuis peu. Ils le visitèrent intérieurement et reconnurent que c'était une chapelle. Ils y demeurèrent en prière jusqu'au jour, puis répandirent dans le pays la nouvelle de ce fait surprenant.

Une tradition porte que les arbres du bois choisi par la sainte maison s'inclinèrent sur son passage et gardèrent cette attitude pendant plusieurs années, jusqu'à leur disparition.

Les pèlerins ne tardèrent pas à affluer vers ce lieu béni, et comme il n'existait aucune habitation dans le voisinage, ils restaient pieusement campés autour de la chapelle, priant et chantant des cantiques.

Malheureusement on rencontre partout des malfaiteurs, et même l'Italie montagneuse a toujours, dit-on, recélé de nombreux brigands. L'occasion était trop favorable pour eux, ils ne la laissèrent point échapper. Ils envahirent le bois de Laurette et dévalisèrent les pèlerins. Les chrétiens n'osèrent plus se risquer dans ce lieu devenu dangereux. Et la sainte maison demeura déserte.

Mais Dieu ne permit pas le maintien

d'un tel état de choses. La maison de Marie quitta le bois inhospitalier de Laurette, après y avoir passé seulement huit mois, et fut se poser sur une colline bordant la route entre Recanati et le rivage de l'Adriatique.

Là les pèlerinages recommencèrent, et les frères Antici, propriétaires du sol, en tirèrent profit. Ce lucre devint même pour eux une occasion de querelles. Les habitants du pays recoururent au Pape pour faire cesser ce différend; mais avant même que le procès fût engagé à Rome, la maison de Marie quitta ce lieu de lutte fratricide où elle ne venait presque que d'arriver et fut se placer à l'endroit qu'elle occupe encore actuellement, sur le milieu du chemin de Recanati à la mer.

Elle avait laissé trace de son passage au bois des lauriers. La marque de son enceinte y était restée comme fixée dans le sol.

Trois siècles après son départ, au lieu nommé la Bandirola, du nom des banderolles flottantes attachées aux arbres pour montrer aux pèlerins le sentier dans le bois, on voyait encore sur cet emplacement privilégié un gazon constamment orné de fleurs naturelles. Jamais la brousse de la forêt n'envahit ce point respecté. Le Pape Pie IX y a fait construire une église.

L'ancienne propriété des frères Antici, où la sainte maison fit un si court séjour, a été récemment retrouvée et l'on y élèvera une chapelle : ainsi les pèlerins pourront successivement revoir tous les lieux visités par la maison de Marie.

Mais, nous dira-t-on, pourquoi ces translations successives? Il ne nous appartient pas de répondre d'une façon certaine à cette interrogation, parce que souvent les desseins de Dieu demeurent impénétrables.

Il est cependant permis de supposer que Dieu a voulu, par ces marques réitérées de sa puissance, frapper l'esprit des multitudes. En effet, pour le peuple, et c'est au peuple que Dieu aime à s'adresser, les faits matériels démontrent mieux que ne le pourraient faire les plus subtils raisonnements, l'évidence d'une intervention divine.

Toutes les parties du récit que nous venons de faire ont été contrôlées par des enquêtes et restent prouvées par des traditions, par des monuments religieux actuellement existants. Les faits que nous avons mentionnés sont historiquement établis, aussi sûrement que beaucoup d'autres évènements du passé dont aucun écrivain sérieux n'ose contester l'exactitude.

Il nous est donc permis d'adopter sur ce point l'opinion de l'un des principaux historiens de Lorette, Torsellini, dont les travaux datent du commencement du xviie siècle et qui s'exprime ainsi dans sa préface :

« Si admirable et si inouï que soit ce miracle, telle est sa certitude et l'évidence avec laquelle il est établi qu'il n'est ni permis, ni possible de le révoquer en doute. Transmis avec la fidélité la plus scrupuleuse par les pères à leurs enfants, il a passé de main en main jusqu'à nous;

il s'appuie sur des documents conservés en Illyrie et à Recanati, et aussi sur l'autorité des historiens et des Souverains-Pontifes. Cette foi de nos ancêtres, acceptée par toutes les générations successives, est confirmée par l'assentiment de tous les peuples...

« Douter d'un fait garanti par tant de témoignages et appuyé sur de telles preuves serait mettre en question la puissance de Dieu et sa providence, et renverser à jamais les bases sur lesquelles repose la certitude de l'histoire. »

Les trois principaux parmi les écrivains qui se sont occupés de Lorette : Angelita, Riéra et Torsellini, ont suivi la manière des anciens historiens. Ils indiquent brièvement les sources auxquelles ils ont puisé, documents authentiques et traditions. Leurs contemporains pouvaient facilement vérifier l'exactitude de leurs déclarations et n'y ont pas contredit. Si nous n'admettons pas leurs récits comme vrais, nous devrons rejeter tous ceux des historiens de l'antiquité.

CHAPITRE IV

Le Sanctuaire de Lorette.

Lorsque les habitants de Recanati se trouvèrent en possession de la maison de Marie, ils ignoraient son précédent séjour à Tersatz.

Un saint ermite du nom de Paul, surnommé du Bois à cause du lieu qu'il avait choisi pour résidence, en eut la révélation et le fit savoir autour de lui.

Il fut aussi témoin pendant dix années d'un prodige qui se renouvelait à chaque anniversaire de la fête de la Nativité de la Sainte Vierge. Alors des flammes descendaient du ciel et environnaient la sainte maison. Ce fait miraculeux, constaté par d'innombrables témoins, s'est produit chaque année pendant trois siècles.

Les habitants de Recanati firent ce que

Nicolas Frangipane avait fait à Tersatz. Ils envoyèrent une délégation de seize notables d'abord en Dalmatie, puis en Palestine, pour vérifier, plan en main, que la sainte maison de Lorette était bien celle qui avait précédemment existé à Tersatz et à Nazareth.

Leur voyage eut le même succès que celui des Dalmates en 1294. A leur retour en Italie on déposa aux archives de Recanati la relation officielle de leur voyage, scellée du sceau de la ville, et les principaux habitants de cette cité en firent faire des copies authentiques, qu'ils conservèrent dans les archives de leurs familles. Riéra, chap. VIII, p. 40 de son ouvrage, sur Lorette, affirme que les Léopardi possédaient encore une de ces copies en 1565.

Après ces constatations officielles, les pèlerinages prirent une extension extraordinaire; on évalue à deux cent mille le nombre des pèlerins qui s'y rendaient annuellement.

Par humaine précaution on voulut soutenir et protéger la maison de Marie en l'entourant d'une épaisse muraille; mais cette enveloppe se lézarda promptement, tandis qu'au contraire les murs de la sainte maison, d'une épaisseur médiocre et vieux de treize siècles, se maintenaient fermes, droits, intacts, comme s'ils venaient d'être construits.

On raconte que les habitants de Recanati, voulant avoir dans leur ville même un objet provenant du sanctuaire de Marie, édifièrent une chapelle où ils transportèrent solennellement le vieux crucifix venu de Nazareth avec la sainte maison, mais le lendemain il avait disparu et fut retrouvé à son ancienne place, au-dessus de l'autel consacré par saint Pierre.

Tous ces faits expliquent pourquoi les pèlerinages à Lorette devinrent si nombreux. Aussi Flavius Blondus, secrétaire du Pape Eugène IV au XVe siècle, affirme-t-il qu'à cette époque le sanctuaire de Lorette était le plus célèbre de toute l'Italie, celui où les chrétiens obtenaient le plus de faveurs par l'entremise de Marie.

Les Papes prirent constamment soin de

ce vénéré sanctuaire. Une magnifique église recouvrit la sainte maison ; une ville se construisit pour recevoir les pèlerins et les fidèles que leur dévotion attachait à ce sanctuaire au point de les contraindre en quelque sorte à fixer leur résidence auprès de lui. Quinze Papes y vinrent en pèlerinage, Pie II y obtint sa guérison, le cardinal Barbo s'y rétablit de la peste. Depuis Jules II, presque tous les Papes ont fait établir à Lorette, soit une fondation, soit un monument.

Le Pape Paul II déclare : « que la maison et l'image de la bienheureuse Vierge Marie sont à Lorette, au diocèse de Recanati. » De même Sixte IV, de même Jules II. Celui-ci précise et fait savoir : « que cette maison a été transportée par la main des anges de Nazareth sur les côtes de Dalmatie, près la ville de Fiume, et de là, toujours par ces esprits célestes, dans la forêt de cette pieuse Lorette, si dévouée à la Sainte Vierge, près de ce bois souillé par des meurtres et par des crimes de toute nature, sur la colline des deux frères, et enfin, à la suite de leurs discussions et de leurs querelles, sur la voie publique, au territoire de Recanati..... »

Léon X, Benoît XIV n'ont pas d'autre langage. Les Papes accordent au sanctuaire de Lorette de nombreuses faveurs. Le pèlerin qui s'y rend peut gagner une indulgence plénière, à quelque jour qu'il le visite. Ses indulgences ne le cèdent en rien à celles des sanctuaires de la Terre-Sainte.

La fête religieuse de la translation de la sainte maison (10 décembre) ne fut établie qu'après un examen très rigoureux fait par la Congrégation des Rites, sur la réalité des preuves concernant cette translation.

L'office de cette fête est au bréviaire romain.

Le Pape Sixte-Quint a fait graver sur l'entrée de l'église de Lorette cette inscription : « Maison de la mère de Dieu, dans laquelle le Verbe s'est fait chair. »

Clément VIII fit placer à l'Est de la sainte maison une plaque de marbre sur laquelle est résumée l'histoire de la maison de Marie; on y lit : « C'est ici que la Très Sainte Mère de Dieu a vu le jour : ici qu'elle a été saluée par l'ange : ici le Verbe éternel de Dieu s'est fait chair. Transportée par les anges d'abord de Palestine en Illyrie, auprès de la ville de Tersatz, l'an du Sauveur 1291, sous le pontificat de Nicolas IV, trois ans plus tard, au commencement du règne de Boniface VIII, elle a passé dans le Picénum, auprès de la ville de Recanati, et la main des anges l'a déposée dans un bois voisin de cette colline où, après avoir, dans l'espace d'une année, changé trois fois de place, elle s'est enfin fixée par un décret du Ciel, il y a trois cents ans..... Toutes les nations ont conçu la vénération la plus profonde pour cette maison, dont les murailles, bien que reposant sans aucun fondement sur le sol, demeurent toujours solides et inébranlables après une si longue suite de siècles. »

La basilique actuelle de Lorette date du règne de Paul II. Clément VII fit entourer les murs de la sainte maison du splendide revêtement de marbre que l'on y admire encore actuellement.

Clément VII renouvela les constatations précédemment effectuées par les habitants de Tersatz et de Recanati. Trois prélats de la maison du Pape furent en Dalmatie et à Nazareth et firent rapport de leur voyage en 1533. Ils avaient pris à Nazareth deux pierres de ce pays; elles furent reconnues semblables à celles de la sainte maison.

Au siècle suivant, en 1620, les moines franciscains renouvelèrent encore la même constatation. Voici le récit de l'un d'eux, le père Thomas, de Novare :

« Nous avons mesuré l'ancien et le vrai fondement : à notre grande joie à tous, avec le secours de la grâce divine, nous avons véritablement trouvé que le plan de la sainte maison de Lorette cadre entièrement et parfaitement avec la place qu'elle occupait à Nazareth. Les fondements s'adaptent aux murailles et la maison aux fondements. Le lieu, la disposition, l'étendue de l'aire, sous la réserve faite plus haut, tout à Nazareth correspond sous tous les rapports à Lorette. Une seule et même mesure s'applique aux deux sanctuaires ; nous publions ces détails sincères, puisés aux sources mêmes, pour la consolation des fidèles, afin qu'à l'avenir il ne reste aucune ombre de doute sur une chose de cette importance. »

Le lecteur conviendra avec nous que ces quatre confrontations successives, faites avec le même succès à plusieurs siècles d'intervalle, prouvent surabondamment l'authenticité du sanctuaire actuel de Lorette.

Cette sainte maison, simplement posée sur le sol, se conserve merveilleusement sans aucun secours humain ; on croirait même qu'il est interdit à l'homme d'y toucher.

En effet, Clément VII ayant ordonné de murer la porte ancienne et d'en ouvrir trois nouvelles pour faciliter le passage des pèlerins, aucun ouvrier italien ne voulut y toucher. L'architecte Nerucci fut contraint d'entreprendre lui-même ce travail; mais à peine eut-il porté le premier coup qu'il pâlit, lâcha le marteau et tomba évanoui. Son évanouissement dura huit heures. Quand il revint à lui, il se jeta aux pieds de la statue miraculeuse pour remercier Marie de sa miséricorde et lui demander pardon de son audace.

Un jeune clerc de la basilique, après trois jours de jeûne et de prières, et en se recommandant à la Vierge, de l'ordre du Pape, put enfin commencer ce travail; les pierres ainsi recueillies servirent à murer l'ancienne porte.

« J'ai examiné, dit Saussure, protestant naturaliste, les matériaux de la sainte maison; elle est construite en pierres taillées en forme de grandes briques placées l'une sur l'autre et si bien unies qu'elles ne laissent entre elles que de très petits intervalles. Ces pierres ont pris à peu près la couleur de la brique, de manière qu'à la première vue on les prend réellement pour une espèce de terre cuite; mais en les examinant avec attention, on reconnaît qu'elles sont d'une pierre sablonneuse

d'un grain très fin et très compacte. »
(Le grès dur de Jabès.)

M<sup>gr</sup> Bartolini, lors de son pèlerinage à Nazareth en 1855, rapporta des pierres de cette bourgade. Il y joignit des fragments recueillis à la sainte maison de Lorette et les soumit à l'examen d'un chimiste, le docteur Ratti, qui ne savait pas les provenances diverses de ces fragments. Ce chimiste reconnut leur parfaite identité. Sa vérification donna le même résultat pour le ciment du sanctuaire de Lorette, semblable à celui de Nazareth et d'une composition inusitée en Italie.

C'est ici le moment de répondre à une objection qui pourrait se présenter à l'esprit de nos lecteurs : Comment, diraient-ils, peut-on vénérer encore à Nazareth la maison de Marie si cette habitation a été miraculeusement transportée à Lorette, près de Recanati ?

La réponse à cette objection est bien facile. La maison apportée en dot par Marie à Joseph était, comme beaucoup d'autres maisons de Nazareth, placée sur un coteau creusé de grottes nombreuses. On bâtissait auprès de l'une de ces grottes une maison en maçonnerie et la grotte elle-même servait de dépendance à l'habitation. La grotte ouverte auprès de la maison de Marie était même divisée en trois compartiments. C'est la partie construite en maçonnerie et servant de chambre à la Vierge qui a été portée miraculeusement à Tersatz et à Recanati. Le sol même du coteau, ainsi que les grottes, sont toujours à Nazareth, où on les a recouverts d'une église que les pèlerins vont visiter.

Mgr Bartolini, dans le récit de son voyage en Terre-Sainte, donne des détails sur ce point. La maison de Marie, dit-il, était dans la partie orientale de la ville et adossée à la colline..... Il fallait monter par quelques degrés pour passer des trois nefs de l'ancienne basilique à la nef transversale, au milieu de laquelle s'élevait le maître-autel. Au-dessous se trouvait l'habitation de la Sainte Vierge, à laquelle on accédait par un escalier placé dans le voisinage de l'autel.....

Au bas des degrés on entre dans une chambre oblongue assez étroite, nommée chapelle de l'Ange, occupant à peu près l'ancien emplacement de la maison transportée à Lorette... A deux marches au-dessous se trouve une chapelle établie dans une grotte dite de l'Annonciation, contenant l'autel du même nom. Par une porte située du côté de l'épître on entre dans une seconde grotte obscure, plus petite et plus basse que la première et laissant apercevoir le roc; elle renferme un autel dédié à saint Joseph.

Au fond, vis-à-vis de l'autel, s'ouvre un corridor obscur, taillé dans le roc, conduisant à un escalier également ouvert dans le rocher. Cet escalier ne compte pas plus de douze marches et monte à une troisième grotte plus petite que les autres, n'ayant pas plus de deux mètres d'élévation intérieure. A droite de cette grotte se trouvait une porte par laquelle la Sainte

Vierge avait, dit-on, coutume de sortir pour aller chercher de l'eau à une fontaine voisine...

En dehors de la première grotte, sur l'ancien emplacement de la maison transportée à Lorette, se trouve une colonne en granit rouge enfermée dans l'épaisseur du mur qui sépare la chapelle de l'Ange de celle de l'Annonciation, où l'on voit une autre colonne également en granit rouge. D'après la tradition, ces colonnes marquent le lieu même où l'ange Gabriel rencontra la Sainte Vierge.

Ces détails sur le sanctuaire de l'Incarnation nous font connaître la distribution de l'habitation de Marie. La même disposition se retrouve fréquemment dans les maisons actuelles de Nazareth.

Voyons maintenant ce qu'est devenue la sainte maison à Lorette. Elle est orientée de l'Est à l'Ouest; elle a, mesurée à l'intérieur, $9^m 55$ de long sur $4^m 9$ de large; les murs ont $4^m 32$ de haut, leur épaisseur est de 58 centimètres.

Une cloison à jour, en bois doré, divise

le sanctuaire en deux parties. A ce grillage se trouve adossé l'autel. L'ancienne porte, maintenant murée, est dans le mur du Nord. Un peu au-dessous se trouve l'armoire qui fut à la Sainte Famille; son bois reste intact. Elle renferme deux vases en terre qui ont été à l'usage des habitants de cette sainte maison.

Mgr Gaume, dans le troisième volume de son ouvrage intitulé : *Les Trois Rome*, décrit la basilique édifiée à Lorette par les soins de plusieurs Papes et d'après le plan dressé par Le Bramante. Le célèbre sculpteur Sansovino, rival de Michel-Ange, y travailla pendant vingt ans, assisté de ses meilleurs élèves. Voici un abrégé de la description de Mgr Gaume :

On entre dans la basilique par trois portes en bronze... Celle du milieu, plus haute et plus large que les deux autres, présente sur ses deux battants les principaux faits de l'Ancien Testament mis en rapport avec ceux du Nouveau : d'un côté la figure et la prophétie, de l'autre la réalité et l'accomplissement. Il en est de même des portes latérales, garnies de superbes médaillons environnés d'arabesques et accompagnés de statuettes représentant les Sibylles.

Au-dessus de la grande porte, vers le centre du frontispice, se voit une magnifique statue en bronze, chef-d'œuvre du Lombardo ; c'est celle de la Vierge tenant l'enfant Jésus entre ses bras.

L'église forme une croix latine, dont le centre est surmonté d'une haute coupole ornée d'une lanterne que le pèlerin salue de plusieurs lieues..... La coupole, étincelante de riches peintures, recouvre la sainte chapelle enrichie de marbres précieux...

Trois nefs partagent la basilique, ornée d'une ceinture de chapelles latérales. Dans les bas-côtés de la grande nef on en compte six à droite et six à gauche : trois dans chacun des bras de la croix, trois à la tête de la croix ; chacune de ces chapelles forme un musée où la peinture et la sculpture ont entassé des merveilles.

Les fonts baptismaux sont formés d'un

grand vase de bronze semi-pyramidal, soutenu par quatre anges et orné de statuettes et de bas-reliefs en bronze. Quatre statuettes d'un goût exquis, représentant la Foi, l'Espérance, la Charité et la Persévérance, sont aux quatre coins du vase; au-dessous d'elles sont placés quatre médaillons représentant les translations successives de la sainte maison.

La grande nef s'élève majestueusement et se recourbe avec art pour former une voûte où paraissent en clair-obscur différer les images de prophètes peintes par Luc Signorelli et Pomarence, également auteurs des fresques si gracieuses de la coupole. Seize anges soutiennent les armes des Papes et celles des cardinaux protecteurs. Sur les deux pilastres du grand arceau qui sépare la nef de la coupole on voit les armes de la maison d'Autriche... et à droite celles des Farnèse.

Enfin apparait la sainte chapelle : un revêtement de marbre de Carrare, du plus beau grain, en couvre les murailles sans pourtant les toucher. Sur ce marbre les évènements et les personnages se rattachant au mystère de l'Incarnation ont été sculptés par : Cioli, Ramiero, di Pietra, François del Tadda, Lombard (Jérôme), della Porta, Bandinelli et Sansovino. Une colonnade d'ordre corinthien entoure le monument. Entre chaque couple de colonnes est une double niche : l'une pour un prophète, l'autre pour une sybille. Plus haut sont des couronnes et des figures angéliques, symboles de la gloire et de la puissance de Marie.

Sur la partie latérale qui regarde le Nord on voit en premier lieu la sibylle hellespontique, puis le prophète Isaïe; entre les deux colonnes du milieu, la sibylle phrygienne et le prophète Daniel.

La seconde porte, en bronze comme la première, représente d'abord le mariage de la Sainte Vierge, puis le portement de la croix et la mort de Jésus au Calvaire. Les deux dernières niches du côté septentrional sont occupées par la sibylle de Tivoli et par le prophète Amos.

Au milieu de la façade occidentale qui

regarde la nef apparaît l'unique fenêtre de la maison... Au-dessous est un autel consacré au mystère de l'Incarnation. Au-dessus brille un superbe bas-relief représentant l'Annonciation (par Sansovino). Sur les parties latérales de l'ouverture on voit : à gauche la visite de Marie à Élisabeth et à droite le voyage à Bethléem.

Du côté de l'évangile sont la sibylle de Libye et le prophète Jérémie..... Du côté de l'épitre, la sibylle de Delphes et le prophète Ezéchiel.

Du côté latéral, vers le Midi, sont : la sibylle Érythrée et le prophète Zacharie.

Le cadre au-dessus de la porte représente la crèche... Les deux compartiments de la porte sont ornés de l'Incarnation et de la Naissance du Sauveur.

Entre les deux colonnes du milieu sont la sibylle punique et le prophète Malachie après l'Adoration des Mages.

Enfin, à la dernière façade, vers l'Orient, on voit la sibylle samienne et Moïse. Un chef-d'œuvre, la mort de la Sainte Vierge, sépare ces deux statues des deux dernières : la sibylle de Cumes et Balaam.

Pour terminer cette rapide énumération des merveilles artistiques qui se voient à Lorette, nous ne saurions mieux faire que de citer un passage de Vasari, *Vita de Andrea Sansovino*, tome III, part. III, concernant le chef-d'œuvre de Sansovino, l'Annonciation : « Le Sansovino y a représenté l'Annonciation de la Vierge avec une grâce si parfaite qu'on ne saurait rien voir de plus beau. La Vierge écoute avec la plus grande attention ce salut ; l'ange est à genoux, on ne le croirait pas en marbre, il est vraiment tout céleste et on dirait que de sa bouche sort l'*Ave Maria*. Gabriel est accompagné de deux autres anges en plein relief : l'un marche derrière lui, l'autre semble voler. Deux autres se tiennent derrière la maison et sont travaillés à ce point que vous les diriez vivants et en l'air. Sur un nuage qui semble ne plus tenir au marbre, un groupe d'anges enfants soutiennent Dieu le Père, qui envoie le Saint-Esprit dans un rayon de marbre : ce rayon part de sa bouche ; il est entièrement détaché du fond et paraît tout naturel, ainsi que la colombe, symbole du Saint-Esprit, qui repose sur lui. On ne saurait exprimer la beauté ni la finesse du travail d'un vase de fleurs où André a déployé toute la grâce de son ciseau, ainsi que dans les ailes des anges, leurs cheveux, l'expression de leurs visages et les draperies de leurs vêtements. En un mot, il a jeté tant de perfection sur toute cette œuvre divine qu'on ne saurait jamais l'en louer dignement. »

Toutes ces magnificences sont sur le revêtement de la sainte chapelle.

A l'intérieur le luxe artistique a disparu. Un autel recouvre celui de saint Pierre ; derrière s'ouvre la sainte camine ; au-dessus d'elle se trouve une niche décorée seulement d'arabesques en bois doré, dans laquelle on vénère la statue de la bienheureuse Vierge Marie, statue en bois de cèdre du Liban attribuée à saint Luc et transportée avec la sainte maison à Tersatz. Cette auguste image est enrichie d'un nombre infini de pierres précieuses et d'ex-voto en or et en argent, constituant une partie du trésor formé par les dons des pèlerins.

CHAPITRE V

Trésor. — Pèlerinages.

L'ancien trésor de la basilique de Lorette, formé par les dons des pèlerins qui s'y rendaient en foule, était d'une richesse extrême et renfermait de véritables objets d'art; il n'en existait pas de plus considérable au monde.

Dix-sept grandes armoires à doubles battants s'y trouvaient, remplies de pur or, de pierreries distinguées ou de vases et d'ornements plus précieux que l'or. Ce trésor avait mis quatre siècles à se constituer; à la fin du XVIIIe siècle, le nombre des armoires pleines d'objets précieux s'élevait à soixante-sept; elles ne suffisaient même plus à contenir tous les ex-voto.

La Santa Casa était ornée de quatre-vingt-quatorze lampes brûlant jour et nuit.

Vingt-trois d'entre elles, placées devant la statue de la Vierge, étaient d'or massif.

Parmi les vœux envoyés à Lorette on cite : le vœu de Louis XIII, roi de France, qui adressa à ce sanctuaire un enfant d'or pesant vingt-quatre livres, soutenu par un ange d'argent du poids de trois cents livres, et deux couronnes d'or enrichies de diamants.

Celui de Henri III, qui consistait en un ciboire, véritable chef-d'œuvre du style de la renaissance, mélange de cristal de roche, de rubis, de perles, de lapis-lazuli, avec des anges, des lis, des figurines en relief et en émail, le tout enchâssé d'or et agencé avec une grâce parfaite.

Le vœu de la ville de Paris, au XVIe siècle, comprenant une lampe et un navire d'argent du poids de trente marcs. Celui de la ville de Lyon en 1581. Mais toutes ces richesses furent pillées pendant les guerres de la Révolution française : il n'en reste que le souvenir.

L'infatigable générosité des chrétiens refait ce trésor au siècle actuel. Soixante et une armoires sont déjà remplies d'ex-voto, consistant surtout en vases sacrés et bijoux de toute nature; on y remarque trois calices donnés par les Souverains-Pontifes : Pie VII, Pie VIII et Pie IX.

Les pèlerinages faits à Lorette sont innombrables; il est impossible de songer même à les énumérer tous. On ne peut qu'en citer quelques-uns.

Il est, je crois, permis de mettre au premier rang parmi les pèlerins saint François d'Assises, bien que son existence soit antérieure au fait miraculeux de la translation. Il en eut la vision prophétique à Sirolo[1] en 1215 : il se tournait pour prier vers le lieu où devait plus tard apparaître la sainte maison et il annonça à ses religieux étonnés qu'avant la fin du siècle les fidèles viendraient y vénérer un sanctuaire qui ne le céderait en rien à ceux de Rome ou de la Terre-Sainte.

Un autre bienheureux, saint Joseph de

---

1. *La Sainte Maison de Lorette*, par l'abbé Milochau, p. 199.

Copertino, se trouvant depuis peu au couvent d'Osimo, d'où l'on aperçoit le dôme de l'église de Lorette, qu'il ne connaissait pas encore, s'écria tout à coup en regardant de ce côté : « Oh! Dieu, qu'est ceci et que vois-je, quelle multitude d'anges vont et viennent entre le ciel et la terre? Ne les voyez-vous pas? Comme ils descendent chargés des grâces d'en haut et remontent en chercher de nouvelles. Dites-moi, je vous prie, quelle est donc cette église? » (*Vita di S. Giusep. de Copertino*, chap. XV, da dom Bernino.)

Auprès des nombreux Papes pèlerins de Lorette viennent se grouper plus de cent soixante saints canonisés, béatifiés ou déclarés vénérables par l'Église; citons : saint François de Paule, saint Jean de Capistran, saint Bernardin de Sienne, saint Ignace de Loyola, saint François-Xavier, saint Louis de Gonzague, saint Charles Borromée, saint Alphonse de Liguori et saint Benoît-Joseph Labre.

Pendant que saint François de Sales priait à Lorette, il sembla ravi en extase, son visage se couvrit d'une rougeur extraordinaire et parut rayonner comme un astre.

Le vénérable Antoine Grassi, de l'Oratoire, étant un jour en prières dans la sainte maison, fut frappé de la foudre; mais au lieu de périr, il se trouva guéri de la goutte dont il souffrait cruellement.

M. Olier, fondateur du séminaire de Saint-Sulpice, étant encore jeune, se rendit à Rome afin d'y apprendre l'hébreu; mais il y fut atteint d'un affaiblissement des yeux rendant pour lui tout travail impossible et qui fit craindre la perte de la vue. Dans le récit qu'il fit de son pèlerinage à Lorette on lit ces paroles : « En entrant dans l'église, je fus guéri soudainement de la fièvre..., outre que je reçus la guérison de mes yeux et que depuis je n'ai pas eu sujet d'appréhender pour ma vue; je reçus alors un grand désir de la prière... » (*Vie de M. Olier*, part. I, liv. I, 2ᵉ édition. Paris, 1853.)

M. de Bretonvilliers, successeur du fondateur de Saint-Sulpice, fit en 1671 avec grande dévotion un pèlerinage à Notre-Dame de Lorette. En ce temps-là il souffrait de pesanteurs de tête et de faiblesses de cœur presque continuelles, avait tous les soirs de la fièvre, mangeait très peu, ne dormait presque point, était dans un abattement extrême et portait toutes les marques d'une personne mourante.

Avant de quitter l'église de Lorette, où il avait pieusement célébré la sainte messe durant neuf jours consécutifs, M. de Bretonvilliers but de l'eau versée par le sacristain dans une tasse de la sainte maison. A peine eut-il bu cette eau et rendu la tasse qu'il se sentit animé d'une nouvelle vie; il passa subitement d'un état de faiblesse et d'extrême langueur à un état de force et de parfaite santé.

Le bienheureux Père de Montfort resta quinze jours à Lorette; saint Alphonse de Liguori y passa trois jours.

Saint Benoît Labre se rendait à pied de Rome à Lorette, trajet de 268 kilomètres. Un hiver il fit ce pèlerinage par un froid très vif, alors que la neige couvrait la terre ; il mit vingt-deux jours à effectuer ce parcours. Habituellement il ne se nourrissait que des débris, trognons de choux, croûtes de pain, fruits gâtés, que les ménagères jettent devant leurs maisons. A Lorette, il accepta un logement et du pain chez un habitant de la ville. Il ne mangeait qu'une fois par jour et ne buvait que de l'eau.

Ce saint mendiant passait ses journées à l'église, toujours à genoux, droit, ferme, sans s'appuyer, sans tourner la tête, semblant ravi en extase perpétuelle. Il accomplit ainsi successivement onze pèlerinages à la sainte maison.

L'époque si agitée du protestantisme, où furent ruinées tant d'églises dans d'autres pays, ne porta pas atteinte au sanctuaire vénéré de Lorette. De pieuses foules continuèrent toujours, surtout les jours de fête, d'y remplir la basilique. Il en est encore de même actuellement.

Parmi les pèlerins qui vinrent à Lorette nous avons cité surtout des Papes et des saints. De grands écrivains s'y rendirent également, notamment Montaigne et Descartes. Montaigne dit même que les murs de la sainte maison sont en briques; c'est une erreur due à l'aspect qu'ils tiennent de leur vétusté. Ces murs sont réellement en pierre de Jabès ou grès de Nazareth. Montaigne, pendant son séjour à Lorette, y fut témoin d'un miracle que nous allons faire connaître avec quelques autres.

CHAPITRE VI

Miracles.

Plusieurs philosophes nient la possibilité du surnaturel, tout en admettant l'existence de l'âme; c'est une contradiction. L'âme est une substance spirituelle, distincte du corps, mais intimement unie à lui. Elle a son existence propre, et c'est seulement dans la vie présente que ses manifestations prennent, pour se produire au dehors, l'intermédiaire des organes corporels. Après la mort, le corps se dissout et l'âme subsiste : elle est immortelle. C'est par l'âme que l'homme se met en relation avec la divinité; la prière n'est qu'une élévation de l'âme vers Dieu.

N'oublions pas la toute-puissance du Créateur. De même qu'il a tiré du néant les êtres matériels, il a pu donner l'existence à des êtres immatériels. S'il lui plaît d'exaucer nos prières ; s'il veut bien, sur notre humble et persistante invocation, déroger aux lois habituelles de la vie, à quel titre oserions-nous soutenir que cela n'est pas possible? Comment pourrions-nous sérieusement affirmer que Dieu doit être limité dans l'exercice de sa toute-puissance?

La Bible nous rapporte de nombreux faits miraculeux en affirmant leur certitude. Depuis la révélation, depuis la venue sur terre de Notre-Seigneur Jésus, le don des miracles, qui s'est si largement manifesté en la personne du Sauveur des hommes, a toujours persisté dans l'Église catholique. Tantôt Dieu l'accorde à ses apôtres, à ses saints ; tantôt il semble l'attacher à certains sanctuaires privilégiés, où va se ranimer, s'activer la foi des populations chrétiennes.

Le sanctuaire de Lorette devait rester un lieu manifestement béni. C'est là que s'était accompli le grand mystère de l'incarnation du Dieu fait homme. Dans cette sainte maison, où la Vierge Marie et son divin Fils avaient habité, où Elle avait reçu la visite de l'ange et la promesse de Dieu, quelle faveur pourrait-elle refuser aux supplications ardentes et sincères?

Le Pape Benoît XIV affirme que les miracles obtenus à Lorette sont innombrables. Il est donc impossible de songer à en faire l'énumération complète; mais il convient, à titre d'exemple, d'en citer quelques-uns :

Au commencement du xve siècle, un chevalier hongrois, Jean, dit Le Blanc, défendait une place forte que la trahison d'un Grec livra aux Turcs. Sorti avec quelques guerriers, Jean allait succomber dans une lutte trop inégale. Il recula jusqu'à la mer et, faisant le vœu d'un pèlerinage à Lorette, s'élança tout armé avec son cheval dans les flots. Les Turcs l'accablèrent de traits sans l'atteindre, et peu de temps après, miraculeusement transporté, il prit pied de l'autre côté de l'Adriatique et fut donner au sanctuaire de Lorette ses armes, son cheval, son portrait et un cierge, accomplissant ainsi le vœu qu'il avait fait au moment du danger.

Un prêtre de Dalmatie, prisonnier des Turcs, sommé d'abjurer sa religion, se contentait de répondre : Jésus, Marie, et disait qu'il avait ces deux noms gravés au plus profond de ses entrailles. Il fit vœu d'aller à Lorette s'il survivait au supplice qu'on lui préparait. Ses ennemis lui ouvrirent le corps et, plaçant ses entrailles dans ses mains, lui dirent : Va maintenant, va trouver ta Vierge de Lorette et porte-lui ces entrailles où tu dis qu'elle réside. Soutenu par miracle, le prêtre accomplit ce prodige et voyagea ainsi durant plusieurs jours, jusqu'à ce qu'il fût arrivé à Lorette, où il reçut les derniers sacrements et rendit son âme entre les mains de Marie. Un tableau, encore au sanctuaire, perpétue le souvenir de ce miracle, raconté par Torsellini comme absolument authentique dans son *Histoire de Lorette*, liv. II, chap. XVIII.

Le capitaine Pierre Torrenatici, de Sienne, ayant voulu faire boire son cheval dans le Velino, au-dessus de la cascade de Terni, fut entraîné par le courant et précipité d'une hauteur de deux cents pieds. Pendant qu'il glissait vers l'abîme, il fit un vœu à Lorette et, soutenu par une force miraculeuse, il sortit sain et sauf du précipice qui venait d'engloutir son coursier. (Torsellini, *Histoire de Lorette*, liv. III, chap. IX.)

Une jeune Sicilienne, nouvelle Marie-Madeleine, repentante de ses désordres, allait vers Lorette pour s'y purifier lorsqu'un brigand la surprit, la cribla de blessures et lui coupa la gorge après l'avoir dépouillée de tout, même de ses habits. Pendant qu'elle râlait sur le sol avant d'expirer, elle invoqua la Vierge de Lorette, qui lui apparut aussitôt, toucha ses blessures, la ranima, lui dit de mener désormais une vie pure et disparut. O miracle, ses plaies se sont cicatrisées, elle se met à genoux et remercie la Vierge. Des muletiers surviennent, lui prêtent un manteau et la conduisent à Ancône, d'où elle se rend à Lorette. Elle y vécut pendant de longues années, se livrant à la prière, à la mortification, et pratiquant toutes les vertus. La cicatrice qu'elle portait au cou brillait comme un collier d'or et semblait rendre un éclatant témoignage à la réalité du miracle qui l'avait sauvée. (Torsellini, liv. III, chap. XXVIII.)

La protection accordée par la Vierge Marie à ce sanctuaire de Recanati s'est manifestée d'une façon toute spéciale. Plusieurs fois les troupes turques, au moment où elles s'avançaient sur Lorette, dans la pensée de piller son trésor, furent prises de paniques inexplicables et se rembarquèrent en désordre.

Il en fut de même de l'armée du duc d'Urbain, ou du moins cette armée n'entra dans Lorette que pour demander pardon de ses intentions sacrilèges et faire de nouveaux présents au vénéré sanctuaire.

Un voleur qui s'était laissé enfermer dans la basilique pour la dépouiller se trouva, quand il voulut sortir chargé de son butin, repoussé par des gardes postés à toutes les issues par lesquelles il essaya de s'enfuir. Le lendemain matin, quand les gardiens de l'église y vinrent à l'heure habituelle, ils trouvèrent et arrêtèrent ce malfaiteur, qui fut jugé et condamné pour sa tentative de vol sacrilège. Personne ne les avait précédés au sanctuaire; les gardes vus par le voleur étaient invisibles pour les autres personnes.

Cette protection s'étendait aux pierres de la sainte maison. Un noble sicilien en ayant dérobé une, resta malade pendant vingt années après ce larcin et ne guérit que quand il eut restitué cette pierre au procureur général des Jésuites de Sicile; on distingue encore ce fragment sacré, remis à son ancienne place.

Le même fait s'est produit dans des circonstances encore plus étonnantes en 1561. A cette date, Jean Suarez, évêque de Coïmbre, se rendant au Concile de Trente, demanda au gouverneur de Lorette une pierre de la Santa Casa. L'évêque de Lorette et le gouverneur de la ville rejetèrent cette demande. Suarez ne se tint pas pour battu et s'adressant à Pie IV, le sollicita avec tant d'ardeur qu'il obtint l'autorisation demandée. Le bref du Pape lui étant parvenu à Trente, Suarez envoya un ecclésiastique nommé Stella chercher la pierre demandée. Il l'obtint et revint à Trente, après avoir couru mille dangers.

Suarez fit alors renfermer cette pierre dans une cassette en argent pour l'envoyer en Portugal. Aussitôt il tomba malade de fièvre et de douleurs au côté. Les médecins déclarèrent que la maladie dont il souffrait leur était inconnue. Il songea à son action envers Lorette et consulta deux saintes communautés de la ville de Trente. Les religieuses, qui ne savaient rien des faits ci-dessus relatés, répondirent à l'évêque Suarez que s'il voulait guérir il devrait rendre la pierre enlevée à la Sainte Vierge. Il renvoya Stella à Lorette et se trouva guéri, au moment même où cette pierre rentra dans la sainte maison ; on la remit en place en la marquant, et dans le mois qui suivit ce miracle, cinquante mille pèlerins vinrent voir et baiser cette pierre. L'historien Riéra, qui raconte ce fait, dit qu'il le tenait de Stella lui-même.

En 1571, le Pape saint Pie V, qui luttait contre l'envahissement des Turcs, fit dire de nombreuses prières dans la basilique de Lorette, et au moment de la bataille de Lépante, le vent qui, au commencement de l'action, se trouvait contraire aux chrétiens, tourna subitement, sans cause apparente, et devint contraire aux musulmans, les accablant de fumée et gênant leurs mouvements. Pie V, ravi en extase, assista mentalement à cette victoire et l'annonça à sa sœur, à l'heure même de l'action. Dix mille chrétiens, délivrés de l'odieux esclavage turc, vinrent en pèlerinage déposer à Lorette leurs chaînes de fer. Avec ces chaînes on forgea les grilles qui ferment les chapelles.

Nous avons déjà mentionné le miracle des flammes descendant du ciel sur la sainte maison, le jour de la fête de la Nativité. Ce fait miraculeux se produisit tous les ans, de 1294 à 1534. Il fut encore remarqué en 1550 et 1554.

Michel Montaigne, dans son voyage de 1580-1581, parlant de son passage à Lorette, cite un miracle qui lui fut raconté par le gentilhomme guéri : « Il y avait en même temps là Michel Marteau, seigneur de la Chapelle, Parisien, jeune homme très riche avec grand train. Je me fis raconter très particulièrement et curieusement, et à lui et à *aucuns* (plusieurs) de sa suite, l'évènement de la guérison d'une jambe, qu'il disait avoir eue en ce lieu. Il n'est pas possible de mieux ni plus exactement former l'effet d'un miracle. Tous les chirurgiens de Paris et d'Italie y avaient failli. Il y avait *despendu* (dépensé) plus de trois mille écus. Son genou enflé, inutile et très douloureux, il y avait plus de trois ans, plus mal, plus rouge, enflammé et enflé jusques à lui donner la fièvre; en ce même instant, tous autres médicaments et secours abandonnés il y avait plusieurs jours, dormant, tout à coup il songe qu'il est guéri et il lui semble voir un éclair; il s'éveille, crie qu'il est guéri, appelle ses gens, se lève, se promène, ce qu'il n'avait fait *oncques* (jamais) depuis son mal; son genou désenfle, la peau flétrie tout autour du genou et comme morte; lui toujours depuis en amendant, sans nulle autre sorte d'aide. »

Parlant des translations successives de la Santa Casa, Montaigne atteste la persistance de cette tradition : « Le miracle du transport de cette maison, qu'ils tiennent être celle-là propre où, en Nazareth, naquit Jésus-Christ, et son remuement premièrement en Esclavonie, et depuis près d'ici et enfin ici, est attaché à de grosses tables de marbre en l'église, le long des piliers, en langage italien, esclavon, français, allemand, espagnol... Ils disent qu'ils y voient souvent les Esclavons à grandes troupes venir à cette dévotion, avec des cris d'aussi loin qu'ils découvrent l'église de la mer en dehors, et puis sur les lieux tant de protestations et de promesses à Notre-Dame pour retourner à eux, tant de regrets de lui avoir donné occasion de les abandonner, que c'est merveille. »

Il nous semble inutile de multiplier ces citations; mais il nous reste maintenant à tirer une conclusion de tous les faits que nous venons de mentionner.

CHAPITRE VII

Conclusion.

Quelle conclusion devons-nous prendre après le récit des faits miraculeux que nous venons de reproduire?

Nous avons vu la maison de Marie à Nazareth devenir un sanctuaire, alors qu'elle était encore habitée par la mère auguste de Jésus, par celle dont saint Denis l'Aréopagite, lorsqu'il eut été converti par saint Paul et qu'il fut venu en pèlerinage aux Lieux-Saints, disait en relatant sa visite à Nazareth, où il rencontra Marie : « Elle était si ravissante de beauté surnaturelle que si je n'avais su qu'il n'y a qu'un Dieu, je l'aurais adorée comme une déesse. »

Cette dévotion que la mère du Verbe incarné inspirait dès son existence mortelle, comment cesserait-elle de la faire naître maintenant qu'elle participe aux splendeurs du ciel?

Nous avons vu la première translation de la sainte maison à Tersatz le 10 mai 1291.

Nous avons dit sa seconde translation de Tersatz à Recanati, dans un bois de lauriers, le 10 décembre 1294, trois jours avant la démission du Pape saint Célestin.

Depuis cette date reculée le souvenir de ce miracle s'est perpétué en Dalmatie, et maintenant encore les prêtres dalmates chantent un hymne dont voici la traduction :

« O Marie, ici vous êtes venue avec votre maison afin de dispenser la grâce comme pieuse mère du Christ.

Nazareth fut votre berceau, mais Tersatz fut votre premier port quand vous cherchiez une nouvelle patrie.

Vous avez porté ailleurs votre demeure sacrée, mais vous n'en êtes pas moins restée avec nous, ô Reine de clémence.

Nous nous félicitons d'avoir été trouvés

dignes de conserver votre puissance maternelle, ô Marie ! »

Nous avons vu que les déprédations des brigands avaient motivé la troisième translation au domaine des frères Siméon et Étienne Antici, le 9 septembre 1295.

Mais la lutte fratricide des Antici détermina à la fin de la même année la quatrième et dernière translation sur la colline où la maison de Marie, malgré l'inégalité du sol, se soutient perpétuellement sans appui et sans donner aucun signe de vétusté; on la dirait immortelle comme celle qu'elle a jadis abritée.

Les deux grands foyers de la nation chrétienne ne sont-ils pas le lieu où s'accomplit le mystère de la divine incarnation et celui où eut lieu l'expiation? Nazareth et Jérusalem, l'incarnation et l'expiation, voilà l'alpha et l'oméga de notre foi catholique. Eh bien ! le premier de ces foyers, la Santa Casa, s'est transporté en Occident après la chute de l'empire chrétien d'Orient pour y faire régner Dieu par Marie; l'autre est resté en Palestine et par lui la foi pourra renaître en Orient; ainsi se renouvellerait le règne de Dieu sur le monde.

Nous avons vu comment Marie, habituellement si douce, punissait cependant ceux qui osaient porter une main sacrilège sur les murs de sa maison ou sur les objets sacrés qu'elle renferme. Il lui est arrivé de sévir même contre les simples incrédules. Ainsi, en 1654, un religieux convers de Saint-François, qui avait des doutes sur l'authenticité du miracle de la Santa Casa, étant entré dans cette église, souriait d'un air de pitié en regardant les pèlerins manifester naïvement leur dévotion. Soudain il tombe évanoui, comme foudroyé. On l'emporte hors du sanctuaire pour lui donner des soins. En revenant à lui, il s'écrie : C'est bien là le sanctuaire où le Verbe a été conçu, et il raconte que pendant son évanouissement il a vu la Mère de Dieu avec l'Enfant Jésus le regardant d'un air irrité et le menaçant des feux de l'enfer.

Ce religieux devint un apôtre zélé de la dévotion à la Santa Casa.

Dans cette sainte maison il est défendu de prêcher, cela troublerait la paix du cœur. C'est le séjour réservé à la pensée recueillie, aux élans mystérieux de l'âme vers Dieu. C'est le silence éloquent de la solitude; on est tenté de dire avec le poète :

« Viens-tu, mon cœur, viens-tu dans la douce retraite,
Où le regard de Dieu rend l'âme plus parfaite;
Où le cœur plus ému peut se sentir pleurer;
Où l'esprit va montant vers Dieu pour l'adorer ! »

Nous avons dit la sollicitude des Papes envers ce sanctuaire si fertile en miracles.

Le Pape Paul II, subitement guéri de la peste pendant un pèlerinage par lui fait à Lorette, alors qu'il était seulement cardinal, s'exprime ainsi : « Il est manifeste par l'expérience que l'église de Sainte-Marie de Lorette, dans le diocèse de Recanati, par les miracles innombrables et extraordinaires qui s'y opèrent à la prière de cette Vierge bienheureuse et que nous avons éprouvés nous-même dans notre propre personne, attire dans son enceinte les peuples de toutes les parties du monde. »

Paul II avait fait commencer vers le milieu du xve siècle la basilique actuelle, qui fut continuée par Clément VII, terminée par Paul III et embellie par Sixte-Quint. L'évêché de Lorette date de ce Pontife. Le grand clocher fut élevé par Benoît XIV. Ce savant Pape, parlant du miracle de la translation, dit : « Nous ne pouvons nous contenir en voyant des gens qui se piquent d'érudition et de finesse d'esprit murmurer des paroles de doute sur la vérité d'un évènement qui a pour lui les plus sages et les plus grands noms de la critique. »

Urbain VIII, en novembre 1632, ordonna de célébrer la fête de la translation dans toutes les églises de la province de la Marche.

Sous le pontificat de Clément IX, à la date du 10 décembre, le martyrologe romain rappelle en ces termes le grand évènement :

« A Lorette, dans le Picénum, la translation de la sainte maison de Marie, Mère de Dieu, dans laquelle le Verbe s'est fait chair. »

Innocent XIII assigna un office propre à cette fête.

La promulgation même du dogme de l'Immaculée-Conception se rattache au sanctuaire de Lorette.

A l'âge de vingt et un ans, Mastaï, qui devint plus tard le Pape Pie IX, étant alors garde-noble de Pie VII, tomba si gravement malade que les médecins, impuissants à combattre les progrès de sa maladie, annoncèrent sa fin prochaine. Il partit en pèlerinage pour Lorette, faisant vœu, s'il guérissait, de se consacrer à Dieu. Il fut radicalement guéri à Lorette et revint à Rome, où il se fit prêtre, et c'est, dit-on, en témoignage de sa reconnaissance envers la Sainte Vierge qu'il a pu hâter la proclamation du dogme de l'Immaculée-Conception.

Les sceptiques haussent les épaules quand on leur parle de miracles; ils oublient que, comme le dit M. l'abbé Darras :

« Croire, c'est faire preuve d'intelligence, c'est comprendre que la faible raison doit se soumettre à une raison plus haute, c'est adorer la source de toute vérité et de tout bien. »

Nous avons dit les richesses matérielles et artistiques de Lorette, accumulées par la piété des fidèles.

Là se voient des pèlerins qui, arrivant à Lorette fatigués, ruisselants de sueur, au lieu d'aller se reposer, se jettent à genoux et, dans cette humble attitude, font plusieurs fois le tour de la Santa Casa. Les pierres se creusent sous cette pression persistante des foules, le métal de bronze des portes s'use sous l'interminable succession de leurs baisers; car c'est par millions que se comptent les pèlerins qui ont visité le sanctuaire de Lorette.

Ce résumé des faits historiques concernant le sanctuaire vénéré de Notre-Dame de Lorette a été rédigé simplement dans le but de réveiller autour de nous, dans notre Bretagne catholique, le souvenir de l'un des plus éclatants miracles survenus depuis la fondation de notre religion.

Sa lecture pourra augmenter encore la confiance que nous avons déjà dans la toute-puissante intervention de Marie.

MESSE

DE LA

Fête de la Translation de la Santa Casa.

INTROITUS.

Terribilis est locus iste; hic Domus Dei est, et porta cœli, et vocabitur aula Dei. *Psal.* Quam dilecta tabernacula tua, Domine virtutum! Concupiscit et deficit anima mea in atria Domini. Gloria. Terribilis.

INTROÏT.

Ce lieu est terrible; c'est ici la Maison de Dieu et la porte du ciel, et il sera appelé le sanctuaire de Dieu. *Ps.* Que vos tabernacles sont aimables, Seigneur des vertus! Mon âme tombe en défaillance par la violence du désir qui la porte vers vos saints portiques. Gloire au Père. Ce lieu.

COLLECTA.

Deus, qui beatæ Mariæ Virginis Domum per in-

COLLECTE.

O Dieu, qui avez consacré la Maison de la

carnati Verbi mysterium misericorditer consecrasti, concede, ut segregati à tabernaculis peccatorum, digni efficiamur habitatores Domus sanctæ tuæ; per eumdem, etc.

bienheureuse Vierge Marie par le mystère du Verbe incarné, accordez-nous la grâce de nous séparer des tabernacles des pécheurs, pour nous rendre dignes de devenir les habitants de votre Maison ; nous vous le demandons par le même J.-C., etc.

EPISTOLA.

ÉPITRE.

Lectio libri Ecclesiastici.

Lecture du livre de l'Ecclésiastique.

In omnibus requiem quæsivi, et in hæreditate Domini morabor. Tunc præcepit et dixit mihi Creator omnium ; et qui creavit me requievit in tabernaculo meo, et dixit mihi : In Jacob inhabita, et in Israel hæreditare, et in electis meis mitte radices. Et sic in Sion firmata sum, et in civitate sanctificata similiter requievi, et in Jerusalem potestas mea : et radicavi in populo honorificato, et in parte Dei mei hæredi-

En toutes choses j'ai cherché le repos, et je me suis choisis une demeure dans l'héritage du Seigneur. Alors le Créateur de l'univers m'a parlé et m'a fait connaître sa volonté ; celui qui m'a créée a reposé dans mon tabernacle, et il m'a dit : Habitez dans Jacob : qu'Israël soit votre héritage, et prenez racine dans mes élus. J'ai été ainsi affermie dans Sion : j'ai trouvé mon repos dans la cité sainte, et ma puis-

tas illius, et in plenitudine sanctorum detentio mea. Quasi cedrus exaltata sum in Libano, et quasi cypressus in monte Sion; quasi palma exaltata sum in cades, et quasi plantatio rosæ in Jericho; quasi oliva speciosa in campis, et quasi platanus exaltata sum juxta aquam in plateis. Sicut sinnamomum et balsamum aromatizans odorem dedi; quasi myrrha electa dedi suavitatem odoris.

sance s'est établie dans Jérusalem. J'ai pris racine dans le peuple que le Seigneur a honoré, et dont l'héritage est le partage de mon Dieu, et j'ai fixé ma demeure dans l'assemblée des saints. Je me suis élevée comme les cèdres du Liban, et comme les cyprès de la montagne de Sion. J'ai poussé mes branches en haut comme les palmiers de Cadès, et comme les plants des rosiers de Jéricho. Je me suis élevée comme un bel olivier dans la campagne, et comme le platane qui est planté dans un grand chemin sur le bord des eaux. J'ai répandu une senteur de parfum comme la cannelle et comme le baume le plus précieux, et une odeur agréable comme celle de la myrrhe la plus excellente.

GRADUALE.

Unam petii à Domino, hanc requiram : ut inha-

GRADUEL.

Je n'ai demandé qu'une grâce au Seigneur et je

6

bitem in Domo Domini omnibus diebus vitæ meæ. ℣. Ut videam voluptatem Domini, et visitem templum ejus.

Alleluia, alleluia. Beati qui habitant in domo tua, Domine; in sæcula sæculorum laudabunt te. Alleluia.

la lui demanderai toujours : c'est d'habiter dans sa Maison tous les jours de ma vie. ℣. Afin de voir les voluptés pures du Seigneur, et de visiter son temple.

Louez Dieu, louez Dieu. Heureux ceux qui habitent dans votre Maison, Seigneur; ils vous béniront dans tous les siècles des siècles. Louez Dieu.

EVANGELIUM.

Sequentia sancti Evangelii secundum Lucam.

In illo tempore missus est Angelus Gabriel à Deo in civitatem Galileæ, cui nomen Nazareth, ad Virginem desponsatam viro cui nomen erat Joseph, de domo David, et nomen Virginis Maria. Et ingressus Angelus ad eam, dixit : Ave gratia plena; Dominus tecum; benedicta tu in mulieribus. Quæ cum audisset, turbata est in sermone ejus, et co-

ÉVANGILE.

Suite du Saint Évangile selon saint Luc.

En ce temps-là l'Ange Gabriel fut envoyé de Dieu dans une ville de Galilée appelée Nazareth, à une Vierge qui avait épousé un homme nommé Joseph, de la maison de David, et le nom de la vierge était Marie. Or, l'ange, étant venu vers elle, lui dit : Je vous salue pleine de grâces, vous êtes bénie entre les femmes. Lorsque Marie l'eut

gitabat qualis esset ista salutatio. Et ait Angelus ei : Ne timeas, Maria: invenisti enim gratiam apud Deum. Ecce concipies in utero, et paries filium, et vocabis nomen ejus Jesum. Hic erit magnus, et Filius Altissimi vocabitur; et dabit illi Dominus Deus sedem David patris ejus, ut regnabit in domo Jacob in æternum, et regni ejus non erit finis. Dixit autem Maria ad Angelum : Quomodo fiet istud, quoniam virum non cognosco? Et respondens Angelus dixit ei : Spiritus-Sanctus superveniet in te, et virtus Altissimi obumbrabit tibi : ideoque et quod nascetur ex te sanctum, vocabitur Filius Dei. Et ecce Elisabeth, cognata tua, et ipsa concepit filium in senectute sua, et hic mensis sextus est illi, quæ vocatur sterilis, quia non erit impossibile apud Deum omne verbum. Dixit autem Maria : Ecce

entendu, elle fut troublée de ses paroles et elle cherchait dans sa pensée quelle pouvait être cette salutation. Mais l'ange lui dit : Ne craignez point, Marie, vous avez trouvé grâce devant Dieu ; voilà que vous concevrez dans votre sein et vous enfanterez un fils à qui vous donnerez le nom de Jésus. Il sera grand et il sera appelé le fils du Très Haut. Et le Seigneur Dieu lui donnera le trône de David, son père, et il règnera éternellement sur la maison de Jacob ; et son règne n'aura point de fin. Marie dit à l'ange : Comment cela se fera-t-il ? Car je ne connais point d'homme. L'ange, répondant, lui dit : Le Saint-Esprit surviendra en vous, et la vertu du Très Haut vous couvrira de son ombre. C'est pourquoi la chose sainte qui naîtra de vous sera appelée le fils de Dieu. Et voilà qu'Elisabeth, votre parente, a

ancilla Domini, fiat mihi secundum verbum tuum.

conçu, elle aussi, un fils dans sa vieillesse, et ce mois est le sixième de celle que l'on a appelée stérile, car à Dieu rien n'est impossible. Alors Marie reprit : Voici la servante du Seigneur, qu'il me soit fait selon votre parole! Et l'Ange s'éloigna d'elle.

OFFERTORIUM.

OFFERTOIRE.

Introibo in Domum tuam adorabo ad templum sanctuum, et confitebor nomini tuo.

J'entrerai dans votre Maison, je vous adorerai dans votre saint temple, et je bénirai votre nom.

SECRETA.

SECRÈTE.

Accipe, quæsumus, Domine, munera in hac sacra Domo dignanter oblata, et beatæ Mariæ Virginis suffragantibus meritis, ad nostræ salutis auxilium provenire concede; per Dominum, etc.

Recevez, nous vous en prions, Seigneur, les présents dignement offerts dans cette Maison sacrée, et daignez, par les suffrages et les mérites de Marie, les faire tourner au profit de notre salut; nous vous le demandons par Notre-Seigneur, etc.

COMMUNIO.

Beatus qui audit me, et qui vigilat ad fores meas quotidie, et observat ad postes ostii mei. Qui me invenerit, inveniet vitam, et hauriet salutem a Domino.

COMMUNION.

Heureux celui qui m'écoute, qui veille tous les jours à ma porte, et se tient attentif à l'entrée de ma Maison. Celui qui m'aura trouvée trouvera la vie, et il puisera le salut de la bonté du Seigneur.

POSTCOMMUNIO.

Quæsumus, Domine Deus, ut sacrosancta mysteria quæ pro reparationis nostræ munimine contulisti, intercedente beata Maria semper Virgine, et præsens nobis remedium esse facias, et futurum; per Dominum, etc.

POSTCOMMUNION.

Daignez, nous vous en conjurons, Seigneur notre Dieu, nous accorder par l'intercession de la bienheureuse Marie toujours Vierge, la grâce de trouver dans les mystères que vous nous avez conférés pour assurer notre réparation, un remède efficace pour le présent et pour l'avenir; nous vous le demandons par N.-S. J.-C., etc.

VÊPRES

DE LA

Fête de la Translation de la Santa Casa.

———

Les Psaumes et l'Hymne de l'Office de la Sainte Vierge.

Antiennes :

1. Domum tuam decet sanctitudo, Domine.

2. Domus mea, domus orationis vocabitur : in ea omnis qui petit, accipit, et qui quærit, invenit, et pulsanti aperietur.

3. Propter Domum Domini Dei nostri, quæsivi bona tibi.

4. Domine Deus, exal-

1. La sainteté, Seigneur, convient à votre Maison.

2. Ma Maison sera appelée une maison de prière : en elle celui qui demande reçoit, celui qui cherche trouve, celui qui frappe obtient que la porte lui soit ouverte.

3. A cause de la Maison du Seigneur notre Dieu, j'ai demandé pour vous des bénédictions.

4. Seigneur Dieu, vous

tasti super terram habitationem tuam.

5. Domum majestatis meæ, et locum pedum meorum glorificabo.

avez exalté sur la terre votre demeure.

5. Je glorifierai le séjour de ma majesté, et le lieu marqué par les traces de mes pieds.

CAPITULUM.

In omnibus requiem quæsivi, et in hæreditate Domini morabor. Tunc præcepit et dixit mihi Creator omnium ; et qui creavit me, requievit in tabernaculo meo.

℣. Hæc est Domus Domini firmiter ædificata.

℟. Bene fundata est supra firmam petram.

Ad Magnif. Sanctificavit Dominus tabernaculum suum, quia hæc est Domus Dei, in qua invocabitur nomen ejus, de quo scriptum est : Et erit nomen meum tibi, dicit Dominus.

CAPITULE.

En toutes choses j'ai cherché le repos, et je me suis choisi une demeure dans l'héritage du Seigneur. Alors le créateur de l'univers m'a parlé et m'a fait connaître sa volonté ; celui qui m'a créée a reposé dans mon tabernacle.

℣. C'est ici la maison du Seigneur, solidement bâtie :

℟. Elle est inébranlablement fondée sur la pierre ferme.

A Magnif. Le Seigneur a sanctifié son tabernacle ; car c'est ici la Maison de Dieu, dans laquelle on invoquera le nom de celui dont il est écrit : Mon nom sera dans ce lieu, dit le Seigneur.

ORATIO.

Deus, qui beatæ Mariæ Virginis Domum per incarnati Verbi mysterium misericorditer consecrasti, concede, ut segregati a tabernaculis peccatorum, digni efficiamur habitatores Domus sanctæ tuæ: per eumdem, etc.

ORAISON.

O Dieu, qui avez consacré la Maison de la bienheureuse Vierge Marie par le mystère du Verbe incarné, accordez-nous la grâce de nous séparer des tabernacles des pécheurs, pour nous rendre dignes de devenir les habitants de votre Maison ; nous vous le demandons par le même Jésus-Christ, etc.

AUX II VÊPRES

Tout comme aux premières Vêpres, excepté :

Ant. Ad Magnif. O quam metuendus est locus iste! Vere non est hic aliud nisi Domus Dei et porta cœli.

Ant. A Magnif. O que ce lieu est terrible! C'est ici la Maison de Dieu et la porte du ciel.

TABLE DES MATIÈRES

—

	Pages.
Préface.	5
Introduction.	9
Chapitre premier. — La Sainte Maison à Nazareth.	15
Chapitre II. — La Sainte Maison en Dalmatie.	25
Chapitre III. — Les translations successives de la Sainte Maison en Italie	35
Chapitre IV. — Le Sanctuaire de Lorette.	43
Chapitre V. — Trésor. — Pèlerinages.	66
Chapitre VI. — Miracles.	74
Chapitre VII. — Conclusion.	85
Messe de la fête de la translation de la Santa Casa.	95
Vêpres de la fête de la translation de la Santa Casa.	103

Rennes. — Imp. Marie Simon, rue Leperdit.

www.ingramcontent.com/pod-product-compliance
Lightning Source LLC
Chambersburg PA
CBHW070242100426
42743CB00011B/2094